박수경 동덕여자대학교에서 성악과, 큐레이터학과를 복수 전공했습니다.
미술품 경매회사 '케이옥션'과 온라인 아트 플랫폼 '누아트' 외 갤러리에서 근무하였습니다.
어려서부터 글쓰기를 좋아하고, 현재 한 아이의 엄마이자 영유아 출판 & 디자인스튜디오 '바바북스' 대표로
아이들을 위한 예술 서적과 완/교구를 만들고 있습니다.
또한 'YTN 사이언스' 등 미술 관련 방송과 강의로 대중들에게 예술을 알리고 있습니다.

이희재 이화여자대학교 미술대학에서 시각디자인을 전공했습니다.
30여 년간 북디자이너로 활동하였고, 바바북스의 공동대표로 크리에이티브 디렉터를 맡고 있습니다.
'바바할미'라는 이름으로 바바북스에서 『베이비 아트북』 시리즈를 기획, 편집하였습니다.

FIR/T ART BOOK

뭐야? 사랑이야! What's this? It's Love!　　박수경 글 / 박수경·이희재 큐레이션

펴낸날 1판 1쇄 2023년 8월 25일　1판 2쇄 2024년 3월 19일　**펴낸곳** 바바북스　**펴낸이** 박수경　**디자인** 바바북스아뜰리에
등록 제2022-000182호　**주소** 경기도 고양시 덕양구 권율대로671　**팩스** 0504-339-0151
홈페이지 www.bababooks.kr　**이메일** bababooks@bababooks.kr　ⓞ instagram.com/bababooks.kr
ISBN 979-11-981283-7-9　77650
© 박수경, 2023

뭐야?
사랑이야!

What's this? It's Love!

BABA

어느 길로 가볼까?

오늘은 가보자, 뒤뚱뒤뚱 흔들흔들
엄마가 도와줄게

우리 아가 발가락 열 개가
가고 싶은 곳이 다 다른 가봐요

여기도 가고 싶고, 저기도 가고 싶은
호기심 많은 우리 아가
귀여운 두 발

어딘가 바라보는 네 얼굴을
엄마도 바라보게 된단다
어쩜 이리 고울까

초롱초롱 투명한 눈망울에
온 세상 비치는데

네 눈을 통해 보는 곳은
티끌 없는 천국이구나

온 세상이 잠시 멈춘 시간
어둠 내린 조용한 밤이야

작고 소중한 우리 아가
쌔근쌔근 토닥토닥

햇빛 가득 내리쬐는
느티나무 아래에서

두 뺨 위로 살랑살랑
기분 좋은 바람 불듯

아무것도 걱정 말고
아무것도 무서워 말고

반짝반짝 흐르는 저 하늘 은하수보다
보들보들 부드러운 뭉게구름보다

더 눈부시고 아름다운
고운 꿈 꾸거라

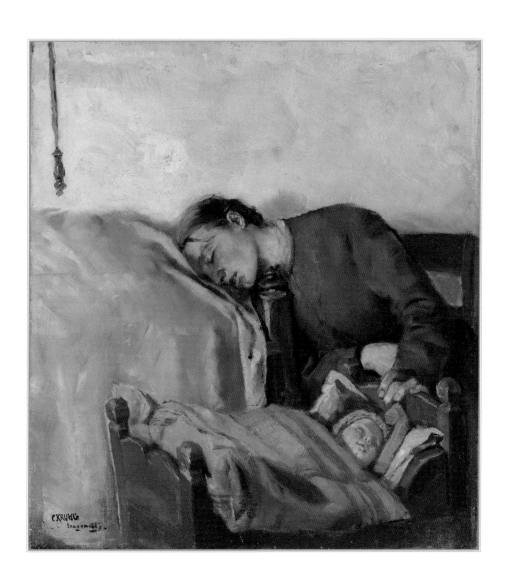

"줄까? 말까?"

이모는 장난꾸러기
이리 숨었다가 저리 숨었다가
까꿍 까꿍

맛있는 음식도
엄마는 나 먼저 주는데
이모는 맨날 줄까, 말까

우리 이모는
내 친구 장난꾸러기

"푸르르~ 아~"

엄마, 엄마
얘가 자꾸 따라 해요

방긋 웃으면 너도 웃고
손을 뻗으면 마주 잡네

한 발 다가가면
한 발 다가오는

웃을 때 제일 예쁜 너

이리 오렴, 아가

앞에선 아빠가 안아주고
뒤에선 엄마가 잡아 줄게

넘어져도 일어나는 너는
세상 누구보다 용감하구나

네 앞에 아빠가 없고
네 뒤에 엄마가 없을 때에도

두 발로 걸어가는 그 길 위에
항상 함께 걷고 있단다

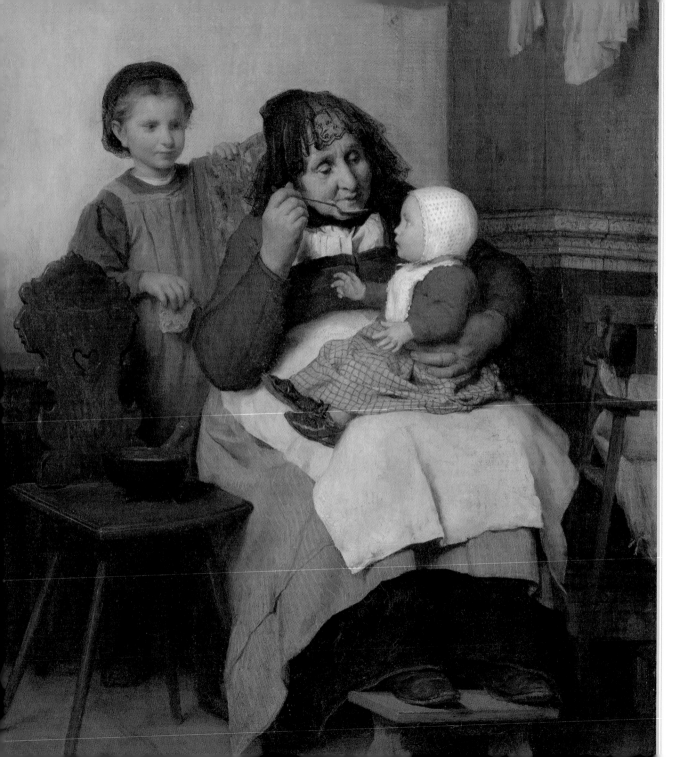

"아이고, 우리 강아지~"

할머니, 저 강아지 아닌데요!

"그럼 그럼, 우리 예쁜 보물~"

할머니, 저 보물 아닌데요!

내 이름은 그게 아닌데

할머니는 참 이상해

어부바, 어부바

엄마 등에 기대면 스르르 잠이 와요

분명히 안 졸렸어요 그런데 잠이 와요

엄마 등에 기대어 잠이 들 땐 예쁜 꿈을 꿔요

넓고 따뜻한 초원에 하얀 꽃, 노란 꽃 가득한 꿈을 꿔요

엄마가 하면 나도 한다!

엄마가 먹는 건 다 맛있어 보여
엄마가 하는 건 다 재밌어 보여

"이건 안 돼, 어른이 먹는 거야"

그럼 나도 어른 될래요
엄마처럼 커피도 마시고
빨간 음식도 먹어볼래요!

엄마가 뿔이 났다.

오빠: 화분 괴물과의 전쟁 중

나랑 내 동생: 내가 먼저 골랐는데, 왜 뺏어가?

막냇동생: 그냥 눈물이 나는 중

엄마: 여긴 어디, 나는 누구

우리 엄마는
나만 보면 자꾸만 쿵쿵 거려요

머리에 쿵쿵
두 발에 쿵쿵

고소하고 달콤한 냄새가 난대요

나는 꽃처럼 예뻐서
좋은 향기가 난대요

오른발, 왼발
작고 보드라운 두 발

예쁜 신발 신고
산책 나가보자
굽이굽이 길을 지나

바람에 흔들흔들
춤추는 꽃도 보고
날개를 활짝 펴고
훨훨 나는 나비도 만나보고

시원한 그늘 밑을 지나
다시 따뜻한 햇볕으로 나가는 거야

엄마 손잡고
아빠 손잡고
같이 걸어보자

당당하게, 딸아

세상의 주인공은 너야

어디서든 반짝반짝 빛이 날
너의 눈

다른 사람의 말에도 귀 기울일
너의 귀

사랑을, 위로를 전해줄
너의 입

네가 주인공인 이 세상을
멋지게 가꿔보렴

"하나, 둘, 셋! 찰칵!"

– 엄마, 형이 먼저 그랬어요

– 저 아니에요! 너 좀 옆으로 가~

– 얘들아, 조용해봐. 사진 좀 찍자

"한 번 더 찍을게요! 하나, 둘…"

– 멍멍! 크르릉… 멍멍!

"휴~ 한 번만 더 찍을게요!"

주룩주룩 땀이 흐르는 사진 기사 아저씨

"훌쩍… 그게 아니고요. 우유가 있길래… 훌쩍"

엄마한테 혼나는데
내 옆에 다가온 강아지 메리

메리야, 같이 혼나줘서 고마워
그런데… 내 우유
너 때문에 쏟은 거였잖아!

오늘은 동요 대회날
열심히 연습한 노래를
친구들에게 보여줄 거예요

예쁘게 머리도 땋고
새하얀 원피스도 차려입는 날

"엄마, 노래를 망치면 어떡하죠?"

"누구보다 멋지게 해낼 거야
웃으면서 무대에서 내려올 거야"

파란 하늘보다
더 푸른 바다 너머엔 뭐가 있을까?

아가야,

끝이 보이지 않는 수평선 너머엔
아주 큰 세상이 있단다

아가야,

나아가도 나아가도 아득히 펼쳐지는
넓은 세계가 너를 기다린단다

작지만 큰 우리 아가

〈잠자는 아이〉
피에르 오귀스트 르누아르, 1895

〈알로 경비실 앞〉
모리스 드니, 1916

〈농부 어머니와 아이〉
메리 카사트, 1895

〈엄마와 아이〉
크리스티안 크로그, 1883

〈과일 따기〉
메리 카사트, 1893

〈거울 앞의 여자와 아이〉
폴 시냑, 1870

〈첫 걸음_밀레 이후〉
빈센트 반 고흐, 1890

〈손주에게 스프를 먹이는 할머니〉
알베르트 앵커, 1868

〈레이스메이커〉
바질 드 루스, 1885

〈로마의 거리 풍경〉
알버트 퀴흘러, 1833

〈아이를 업고 있는 하르츠 여인〉
프리드리히 E. 마이어하임, 1845

〈엄마와 아이〉
루이스 버나드 코클레스, 1794

〈아이들이 있는 가정에서〉
요한 마티아스 란프틀, 1832

〈잠깐 사이〉
윌리엄 S. 켄달, 1907

〈첫 신발〉
펠릭스 슐레진저, 연도미상

〈아이와 함께 있는 폰 보덴하우젠 부인〉
테오 반 뤼셀베르그, 1910

〈개를 안고 여섯 자녀에 둘러싸여 있는 비앙카〉
라비아나 폰타나, 연도미상

〈작은 사고〉
프리츠 선덜랜드, 1868

〈아이 머리를 땋아주는 엄마〉
안나 앙케, 1916

〈포트라이베이 캐러데일〉
윌리엄 프랫, 1927

〈우크라이나 킬림의 패턴〉
소피아 파라슈크, 1934